OSVALDO LACERDA
PARA PIANO
• Brasilianas nº 1 a 9 •

Nº Cat.: 339-A

Irmãos Vitale S.A. Indústria e Comércio
www.vitale.com.br
Rua França Pinto, 42   Vila Mariana   São Paulo   SP
CEP: 04016-000 Tel.: 11 5081-9499 Fax: 11 5574-7388

© Copyright 2013 by Irmãos Vitale S.A. Ind. e Com. - São Paulo - Brasil
Todos os direitos autorais reservados para todos os países. *All rights reserved.*

CRÉDITOS

Capa e Diagramação
Eduardo Wahrhaftig

Revisão Ortográfica
Marcos Roque

Coordenação Editorial
Roberto Votta

Produção Executiva
Fernando Vitale

CIP-BRASIL. CATALOGAÇÃO NA FONTE
SINDICATO NACIONAL DOS EDITORES DE LIVROS - RJ.

L142o

    Lacerda, Osvaldo Costa de, 1927-2011
       Osvaldo Lacerda para piano : Brasilianas nº 1 a 9 / Osvaldo Costa de Lacerda. - 1. ed. - Rio de Janeiro : Irmãos Vitale, 2013.
    192 p. : il. ; 31 cm.

    ISBN 978-85-7407-412-2

    1. Música. 2. Música para piano. 3. Partituras. I. Título.

13-03113   CDD: 786.2
                                                                                                            CDU: 78.089.7

17/07/2013   18/07/2013

ÍNDICE

APRESENTAÇÃO..................5

BRASILIANA Nº1..................7
    I - Dobrado..................10
    II - Modinha..................12
    III - Mazurca..................14
    IV - Marcha de Rancho..........16

BRASILIANA Nº2..................19
    I - Romance..................22
    II - Chote..................24
    III - Moda..................26
    IV - Côco..................28

BRASILIANA Nº3..................31
    I - Cururú..................34
    II - Rancheira..................36
    III - Acalanto..................38
    IV - Quadrilha..................40

BRASILIANA Nº4..................43
    I - Dobrado..................46
    II - Embolada..................52
    III - Seresta..................58
    IV - Candomblé..................62

BRASILIANA Nº5..................69
    I - Desafio..................72
    II - Valsa..................74
    III - Lundú..................76
    IV - Cana-Verde..................78

BRASILIANA Nº6..................81
    I - Roda..................84
    II - Ponto..................88
    III - Toada..................91
    IV - Baião..................93

BRASILIANA Nº7..................97
    I - Samba..................100
    II - Valsa..................102
    III - Pregão..................105
    IV - Arrasta-Pé..................108

BRASILIANA Nº8..................111
    I - Canto de Trabalho..........114
    II - Frevo..................136
    III - Abôio..................150
    IV - Terno de Zabumba..........162

BRASILIANA Nº9..................175
    I - Ponteio..................178
    II - Polca..................181
    III - Bendito..................183
    IV - Forró..................187

As "Brasilianas" para piano, de Osvaldo Lacerda

Cumpre-me a honrosa tarefa, de extrema responsabilidade, de apresentar as "Brasilianas", de Osvaldo Lacerda.

Lembro-me do carinho especialíssimo dele por suas 12 "Brasilianas" e me lembro ainda de uma certa mágoa nutrida por ele devido ao descaso à coleção por parte de professores de piano. Ele não conseguia compreender por que da falta de interesse.

Embora grandemente modesto, ele bem sabia o valor de suas obras e, principalmente, desta coleção que iniciou um marco na composição musical brasileira.

Conforme dizia Osvaldo Lacerda: "as 'Brasilianas' são obras didáticas por natureza, procurando colocar o estudante ou o pianista a par de todos os gêneros musicais brasileiros, sejam danças ou canções".

Além disso, ele fazia questão de colocar na abertura da partitura suas maravilhosas explicações sobre cada gênero, local e data de nascimento, o andamento, enfim, comentários muito elucidativos.

Vejamos então quais os gêneros utilizados por ele, partindo-se de "Brasiliana nº 1": dobrado, modinha, mazurca, marcha de rancho, romance, xote, moda, coco, cururu, rancheira, acalanto, quadrilha, embolada, seresta, candomblé, desafio, valsa, lundu, cana verde, roda, ponto, toada, baião, samba, pregão, arrasta-pé, canto de trabalho, frevo, aboio, terno de zabumba, ponteio, polca, bendito, forró, cantoria, recortado, canto de cego, marchinha, tango, maxixe, choro, polca sertaneja, cateretê, canto de bebida, canção e maracatu.

De dobrado até forró, todos os gêneros constam deste livro. Os outros pertencem às "Brasilianas nos 10 a 12", impressas por outras editoras.

Apenas algumas têm dedicatória, como: a de nº 3, que foi dedicada ao compositor Eduardo Escalante; a de nº 5, dedicada à Júlia Costa e à mãe desta; a de nº 6, dedicada à pianista Eda Fiore; a de nº 8, aos pianistas José Kaplan e Gerardo Parente; as de nos 10 e 11, a mim; e a última, de nº 12, ao compositor Almeida Prado.

Todas, em se tratando da parte técnica, são de dificuldade média. O difícil na obra de Osvaldo Lacerda, devido à sua extrema transparência e preferência por Mozart, é a conquista pela qualidade de som e, muitas vezes, a dificuldade reside no pianíssimo, na leveza, na transparência e na pouca utilização do pedal. Ele gostava muito de comentar com seus alunos ou quando em palestra: "Debussy sempre dizia: 'a música começa no pianíssimo!'" Insistia bastante, quando a passagem era mais lírica, dizendo: "Toque molinho, solte a mão". Era grande sua preocupação com o belo fraseado.

Este livro apresenta também curiosidades e um novo tipo de toque, como, por exemplo, no ponteio de "Brasiliana nº 9", com uma situação técnica inusitada e de difícil obtenção do resultado desejado, o que depende muito da qualidade do piano.

Como pessoa detentora de grande senso de humor, ele também fazia das suas para "mexer" com o dodecafonismo reinante na época, do qual ele escarnecia, tendo composto também sua série dodecafônica de alguns poucos compassos, no acalanto de "Brasiliana nº 3", mostrando que também sabia escrever aquele tipo de música e, de forma sutil, satirizava. Uma maravilha!

Fico feliz com esta nova edição de "Brasilianas nº 1 a 9" e tenho certeza de que Osvaldo também ficaria, portanto, nós dois agradecemos à Editora Irmãos Vitale, pelo tirocínio que teve reimprimindo obra valiosíssima. Espero que com divulgação dirigida estudantes e pianistas comecem a conhecer, a tocar e a gostar de nossa boa música brasileira.

Eudóxia de Barros
São Paulo, 24 de julho de 2013

BRASILIANA Nº1

NOTA EXPLICATIVA*

BRASILIANA n.º 1 é uma Suíte para piano, de dificuldade técnica equivalente ao 4.º ou 5.º ano desse instrumento. Destina-se a apresentar ao estudante de piano, ao amador dotado ou ao pianista já formado, que se interessa pela música brasileira, alguns aspectos e modalidades da mesma.

SUÍTE é uma composição musical constituída de três ou mais partes, que possuem, geralmente, caráter de dansa ou canção.

As partes da Suíte são chamadas *números*. Os números de BRASILIANA n.º 1 são os seguintes:

I. DOBRADO — Marcha brasileira, em compasso binário ou quaternário. Apresenta as seguintes características: orquestração típica; às vezes, acentuação nos tempos fracos do compasso e uma ligeira influência da música espanhola ("dobrado" vem de "passo doble").

II. MODINHA — Canção urbana brasileira, de caráter amoroso e sentimental. Nasceu na segunda metade do século XVIII; foi intensamente cultivada, como música de salão, no Primeiro Império (1822-1831); passou ao domínio popular durante o Segundo Império (1844-1889) e adquiriu, então, características definitivamente nacionais. Ainda é utilizada pelo nosso povo, embora bem menos do que no século passado. É escrita em compasso binário, ternário ou quaternário.

III. MAZURCA — Dansa de origem polonesa, em compasso ternário. Existe, desde o século passado, no Brasil, onde adquiriu fisionomia própria. Ainda é dansada no interior do país.

IV. MARCHA de RANCHO — A marcha de Carnaval se classifica em: (1) "marcha", ou "marchinha", de andamento vivo, texto brincalhão e, geralmente, pouco valor musical; e (2) "marcha de rancho", de andamento moderadamente lento, texto sentimental e maior valor musical. É escrita em compasso binário ou quaternário.

O esquema formal dos números de BRASILIANA n. 1 é o seguinte:

I. DOBRADO — Forma ternária: A B A$_1$.
II. MODINHA — Invenção a duas vozes.
III. MAZURCA — Forma ternária: A B A$_1$.
IV. MARCHA de RANCHO — Forma binária A (a a-$_1$) B (b b-$_1$).

---

*Esta edição mantém os textos explicativos redigidos pelo autor, em seu estilo original e com ortografia da época. N.E.

I - Dobrado

Osvaldo Lacerda

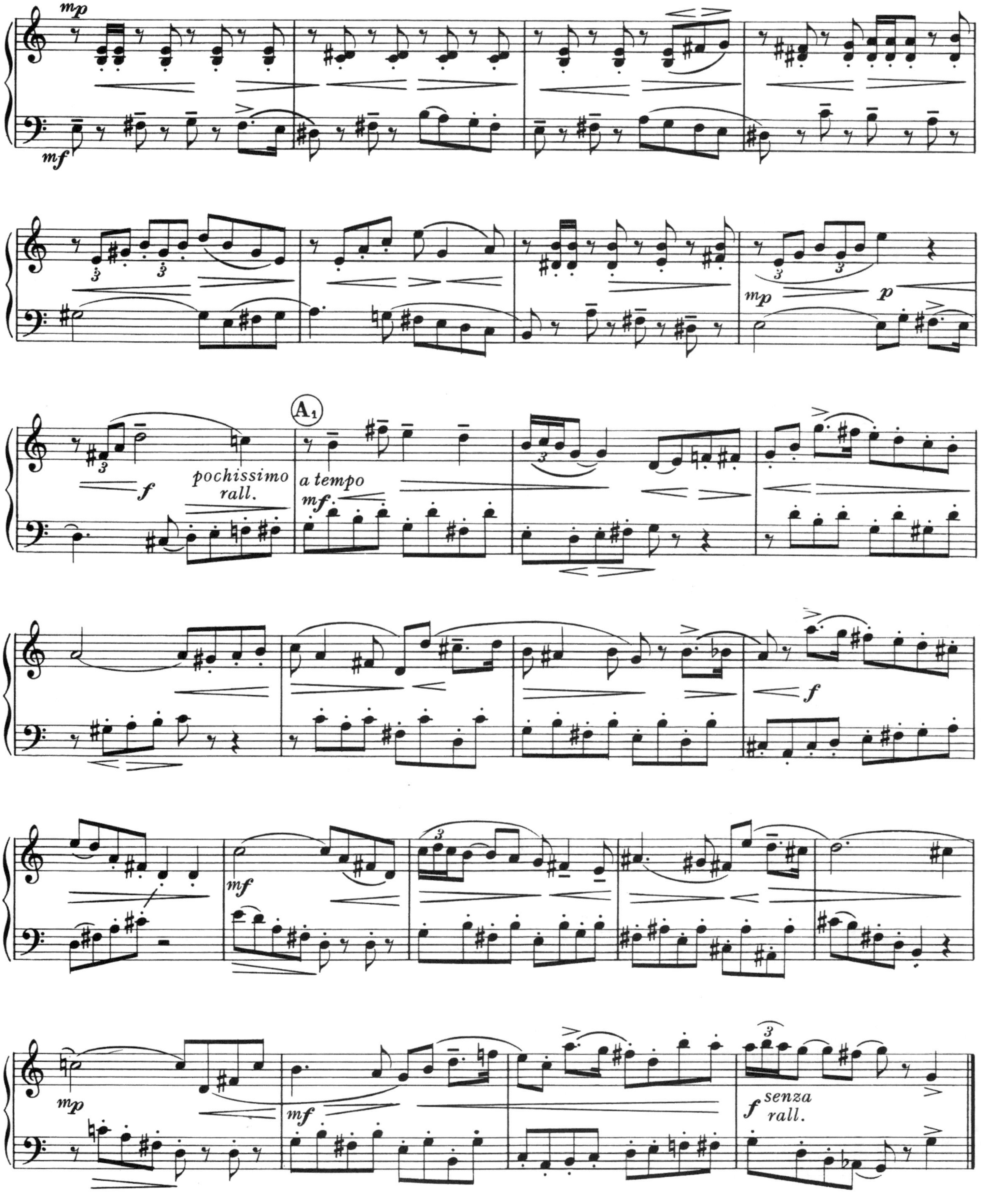
mp
mf
f
pochissimo
rall.
A1
a tempo
mf
f
mf
mp
mf
f
senza
rall.

II - Modinha

Osvaldo Lacerda

N. B. - Salientar sempre o tema, marcado: Ⓣ

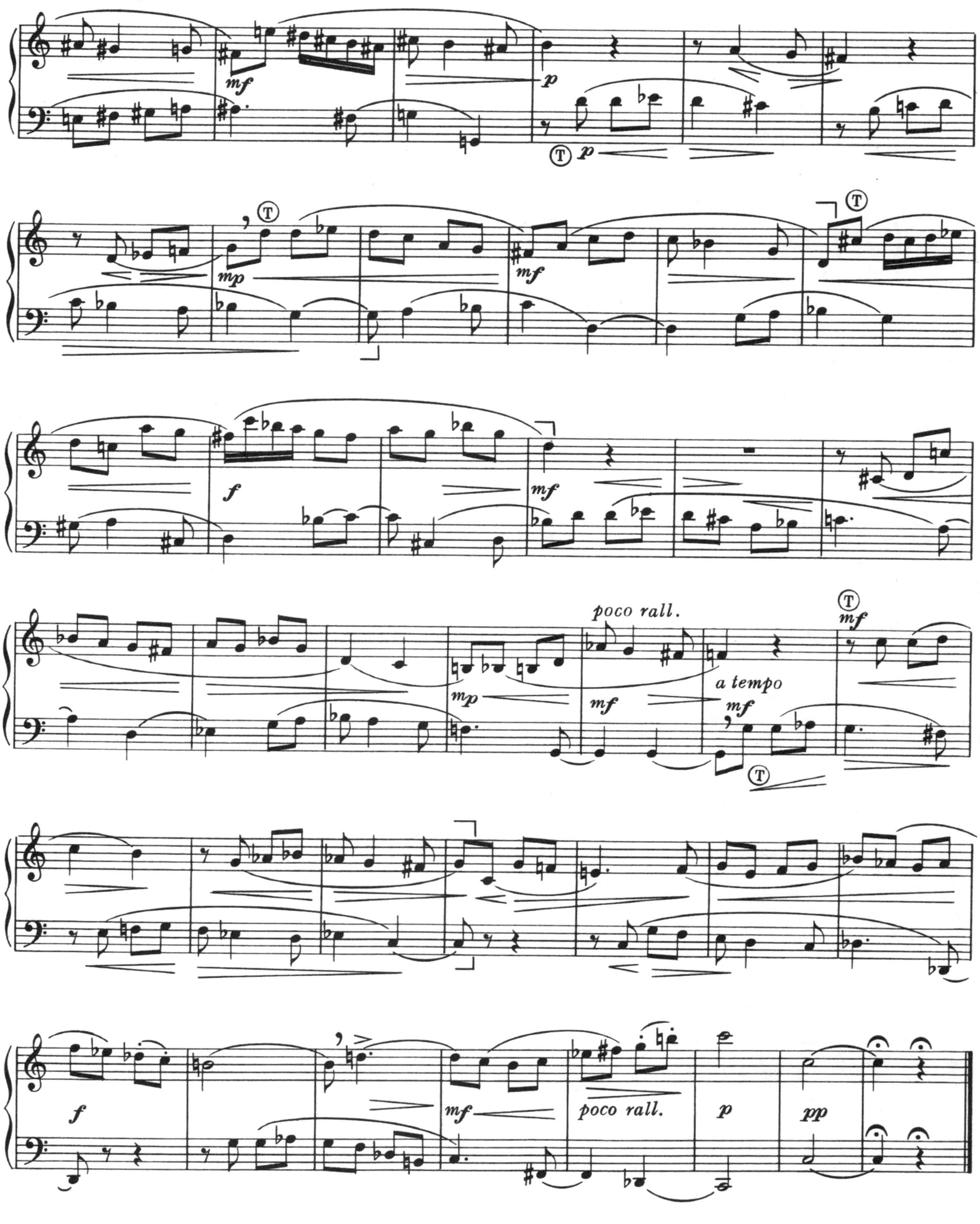
poco rall.
a tempo
poco rall.

III - Mazurca

Osvaldo Lacerda

15

IV - Marcha de Rancho

Osvaldo Lacerda

São Paulo, dezembro de 1965

BRASILIANA Nº2

NOTA EXPLICATIVA

BRASILIANA n. 2 é uma Suíte para piano, de dificuldade média. Destina-se a apresentar ao estudante de piano, ao amador dotado ou ao pianista já formado, que se interessa pela música brasileira, alguns aspectos e modalidades da mesma.

SUÍTE é uma composição musical constituída de três ou mais partes, que possuem, geralmente, caráter de dansa ou canção.

As partes da Suíte são chamadas *números*. Os números de BRASILIANA n. 2 são os seguintes:

I. ROMANCE. — Gênero lítero-musical, de origem ibérica. Consiste em uma melodia não muito extensa, que serve de veículo à apresentação de uma poesia de caráter geralmente narrativo.

Os romances portugueses, muito cantados no Brasil até fins do século XIX, cairam quasi todos em desuso. Perduram os romances de origem nacional, a maioria dos quais narra estórias de cangaceiros famosos ou de animais.

Uma modalidade especial de romance é o "ABC", em que cada estrofe poética começa com uma letra do alfabeto.

Muitos romances se acham no modo menor e em compasso ternário, mas não há fixidês a esse respeito.

O Autor concebeu o romance desta suíte na forma de Tema e Variações, como se cada variação fosse um breve comentário a um episódio do texto poético.

II. CHOTE ("Schottisch"). — Dansa de origem européia, em compasso binário. É um tanto semelhante a uma polca de andamento moderado. Veio, no século passado, para o Brasil, onde adquiriu fisionomia própria. Ainda é dansado no Rio Grande do Sul e no Nordeste.

III. MODA. — Canto em terças, acompanhado de viola, próprio da zona central do Brasil (encontra-se, principalmente, nos Estados de São Paulo e de Minas Gerais). Existe isoladamente ou fazendo parte do cateretê. Alguns de seus textos são amorosos ou humorísticos, mas a quasi totalidade dos mesmos tem caráter narrativo ou descritivo, o que faz a Moda constituir-se em uma espécie do gênero Romance. É tambem chamada *Moda Caipira*, *Moda Paulista*, ou *Moda-de-Viola*. É escrita em compasso binário e no modo maior.

IV. CÔCO. — Dansa de roda, acompanhada de canto, muito comum no Nordeste. É escrita em compasso binario. Há, também, côcos que não têm finalidade coreográfica e se filiam, portanto, ao gênero Canção (são mais lentos e de ritmo mais livre).

O esquema formal dos números de BRASILIANA n. 2 é o seguinte:

I. ROMANCE — Tema e Variações
II. CHOTE — Forma ternária: A B A$_1$
III. MODA — Forma ternária: A B A$_1$
IV. CÔCO — **Estrofe (Est.) e Refrão (Ref.).**

I - Romance

Osvaldo Lacerda

poco rall.
VAR. III
mp
p
a tempo
Um pouco menos movido (♩= 152) e "rubato"
mf
espressivo
cresc.
VAR. IV (♩= 152), "Misurato"
f
un poco rit.
a tempo
f sempre
Um pouco mais devagar
p espressivo
mp
poco rall.
pp
poco rall.
p

II - Chote

Osvaldo Lacerda

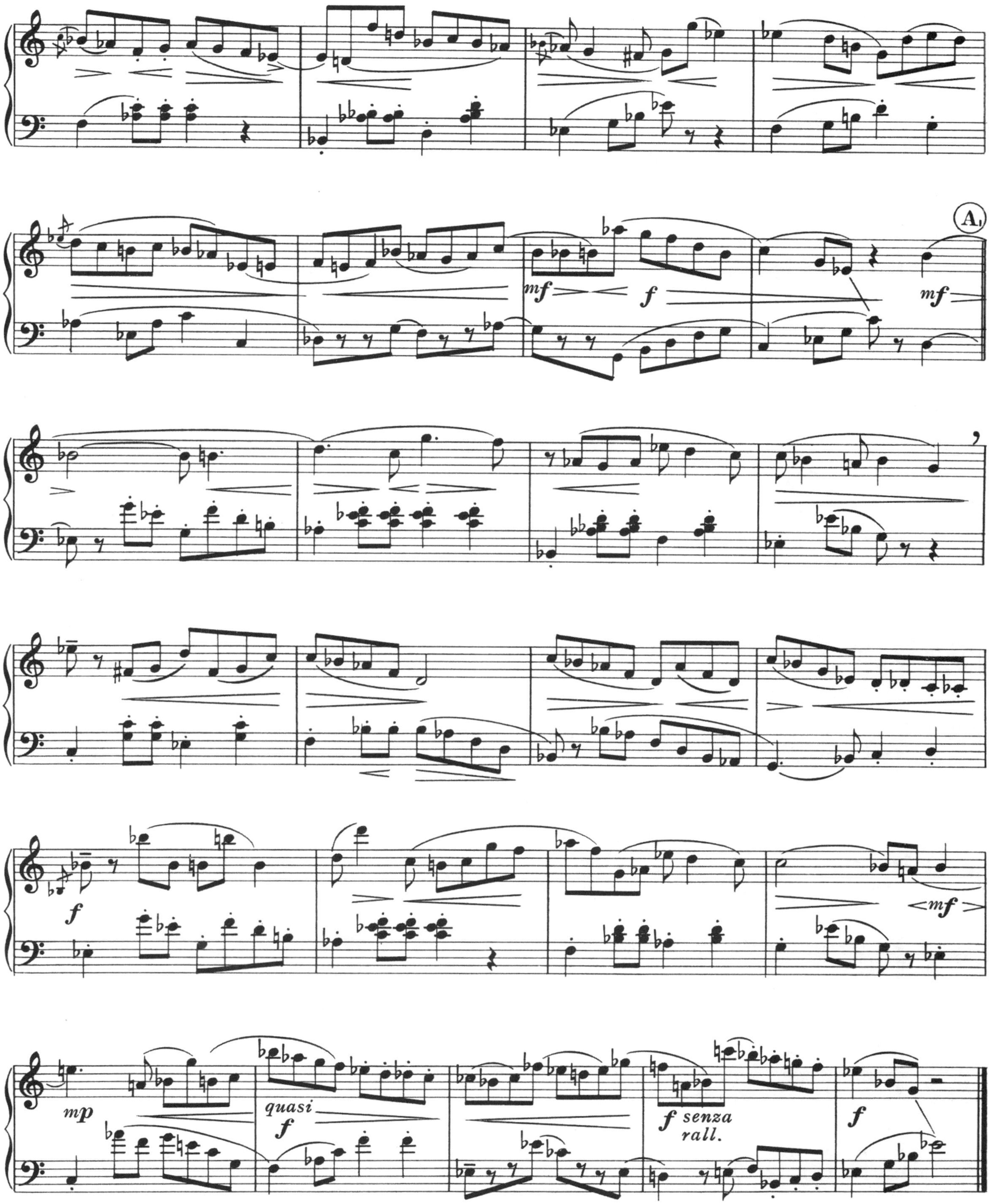
mf
f
A
mf
f
mf
mp
quasi f
f senza rall.
f

III - Moda

Osvaldo Lacerda

a tempo
rall.
mp
mf
poco rit.
a tempo
espressivo
mf
f
ritenuto
mp
a tempo
f
poco rall.
a tempo
f
rall.
Mais devagar (♩ = 76)
A1
sonoro
ma f, dolce
Bem lento (♩ = 48)
rall.
mp
p
p
rall.
molto allarg.
p
longa

IV - Côco

Osvaldo Lacerda

São Paulo, dezembro de 1966

BRASILIANA Nº3

NOTA EXPLICATIVA

BRASILIANA n.º 3 é uma Suíte para piano, que se destina a apresentar ao estudante desse instrumento, ao amador dotado ou ao pianista já formado, que se interessa pela música brasileira, alguns aspectos e modalidades da mesma.

SUÍTE é uma composição musical constituída de três ou mais partes, que possuem, geralmente, caráter de dansa ou canção.

As partes da Suíte são chamadas *números*. Os números de BRASILIANA n.º 3 são os seguintes:

I. CURURÚ — Dansa de roda, acompanhada de canto; a música é em modo maior e compasso binário. O canto consiste, via-de-regra, num desafio de que participam dois ou mais cantadores. A letra é, geralmente, improvisada e obedece a uma rima pré-determinada, chamada "carreira".

A dansa tem fundo religioso. É de origem ameríndia e parece remontar à época dos primeiros jesuítas.

Mais modernamente, o cururú pode não apresentar coreografia, sendo, então, apenas cantado.

A zona cururueira por excelência é o centro do Estado de São Paulo (Tietê, Piracicaba, etc.).

O Autor concebeu o cururú desta Suíte na forma de Tema e Variações para a mão esquerda. O cururú propriamente dito se encontra no Tema e na IV.ª Variação; nesta, a mão direita percute, na madeira do piano, ritmos característicos do cururú.

II. RANCHEIRA — Dansa em compasso ternário, derivada da mazurca. É, originalmente, gaúcha, mas encontra-se em vários pontos do Sul do Brasil.

III. ACALANTO — Também chamado cantiga de ninar, dormenenê ou "berceuse". É um canto simples e, às vezes, monótono, que tem por finalidade aquietar ou adormecer criança.

IV. QUADRILHA — Dansa em compasso binário, de origem francesa. Trazida para o Brasil durante a Regência, aqui se aclimatou, adquirindo caráter nacional. Era, inicialmente, dansa aristocrática, tendo, depois, se popularizado. Ainda é dansada em alguns pontos do interior do país; aparece, também, nas cidades grandes, por ocasião das festas de junho. Apresenta diversas figurações.

O esquema formal dos números de BRASILIANA n.º 3 é o seguinte:

I.	CURURÚ	— Tema e Variações
II.	RANCHEIRA	— Forma ternária : A B A_1.
III.	ACALANTO	— Forma ternária : A B A_1.
IV.	QUADRILHA	— Forma rondó de 5 partes: A B A_1 C A_2.

Ao Eduardo Alberto Escalante

I - Cururú

Osvaldo Lacerda

(*) *Mão direita: percutir, com um ou mais nós de dedo, a madeira do piano (tampa ou outra parte qualquer).*

Ao Thomaz Verna

II - Rancheira

Osvaldo Lacerda

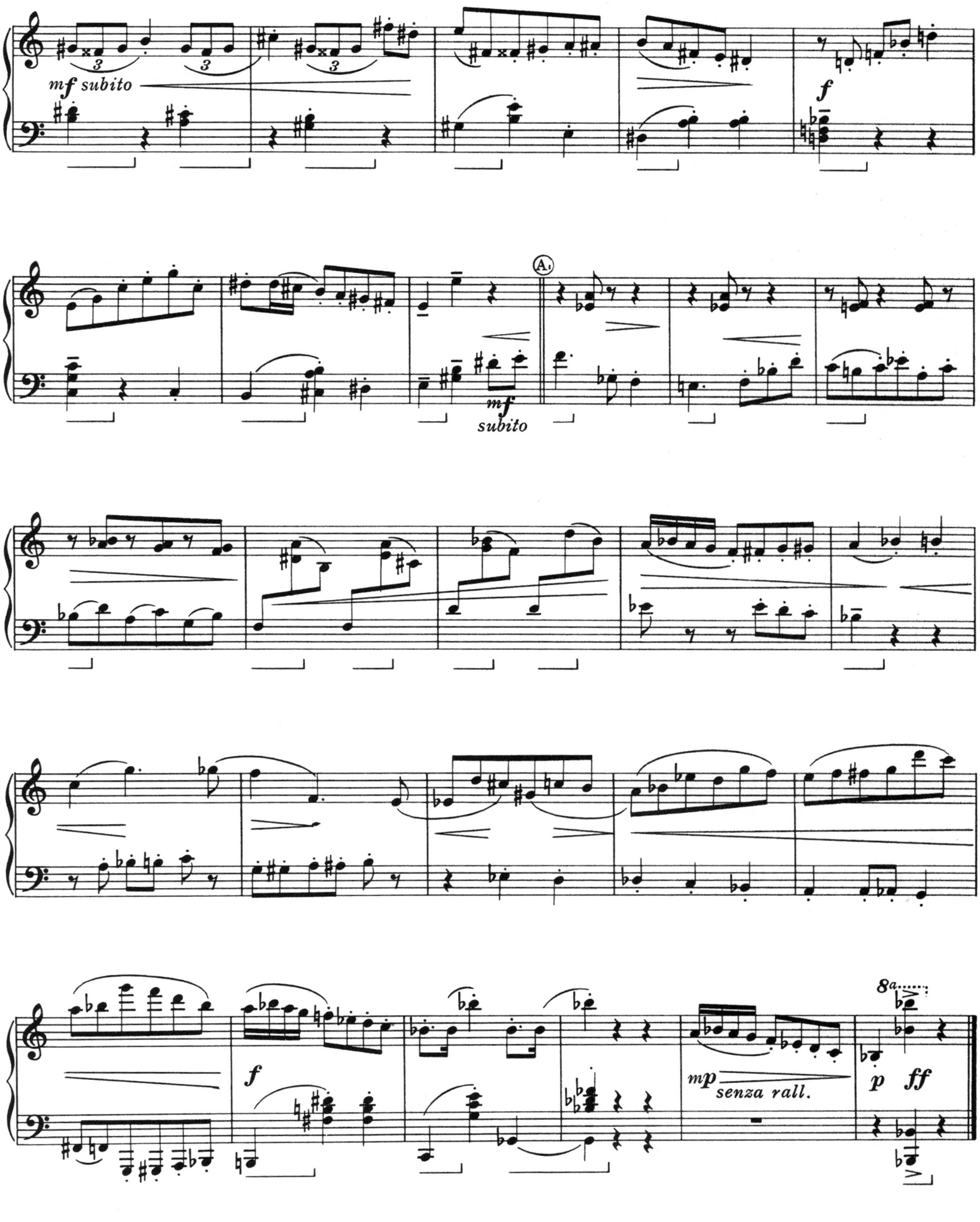
mf subito
A1
mf
subito
f
mp
senza rall.
8a
p
ff

Ao Luciano Pó

III - Acalanto

Osvaldo Lacerda

8a
in loco
mf
calmando
mp
A.
mp
a tempo
poco rall.
mf
p
p
meno
pp
pochissimo
precipitando
rall.
ppp
sustentar com o pedal, até desaparecer o som

Ao Silvio Cirillo

IV - Quadrilha

Osvaldo Lacerda

São Paulo, dezembro de 1967

BRASILIANA Nº4

NOTA EXPLICATIVA

BRASILIANA n.º 4 é uma Suíte para piano, que se destina a apresentar aos estudantes desse instrumento, aos amadores dotados ou aos pianistas já formados, que se interessam pela música brasileira, alguns aspectos e modalidades da mesma.

As BRASILIANAS n.ºs 1, 2 e 3 são escritas para piano solo, a n.º 4 o é para piano a quatro mãos.

SUÍTE é uma composição musical constituída de três ou mais partes, que possuem, geralmente, caráter de dansa ou canção.

As partes da Suíte são chamadas *números*. Os números de BRASILIANA n.º 4 são os seguintes:

I. DOBRADO. — Marcha brasileira, em compasso binário ou quaternário. Apresenta as seguintes características: orquestração típica; às vezes, acentuação nos tempos fracos do compasso e uma ligeira influência da música espanhola ("dobrado" vem de "passo doble").

II. EMBOLADA. — Gênero vocal, próprio do Nordeste. Aparece sòzinha ou integrando dansas (geralmente, o côco). Muitas vezes, é improvisada. A melodia é declamatória, em andamento vivo, valores rápidos e intervalos curtos.

O texto é geralmente cômico, satírico ou descritivo (raras vezes, lírico); pode, também, consistir numa sucessão de palavras sem nexo, mas de bom efeito sonoro.

Muitas vezes exige, do cantor, dicção esmerada, para que se percebam as palavras ditas rapidamente.

É escrita em compasso binário.

III. SERESTA. — Genericamente, é o mesmo que *serenata*, isto é, música noturna, que se toca ao ar livre, em passeio ou sob as janelas de alguém. Geralmente, destaca-se um cantor, acompanhado de um conjunto de instrumentos ou de um só (neste caso, predomina o violão).

Especificamente, seresta é uma música vocal, de letra sentimental ou apaixonada, que o cantor dirige à sua amada. Seu estilo avizinha-se muito, então, da modinha e, muitas vezes, da valsa lenta.

IV. CANDOMBLÉ. — Festa religiosa afro-brasileira, que se realiza na Bahia. Nele, cada divindade é invocada por cantos próprios. Encontram-se também, no candomblé, ritmos característicos, alguns em $\frac{6}{8}$.

O esquema formal dos números de BRASILIANA n.º 4 é o seguinte:

I. DOBRADO — Forma ternária: A B A_1
II. EMBOLADA — Forma livre
III. SERESTA — Forma ternária: A A_1 A_2
IV. CANDOMBLÉ — Forma ternária: A B A_1

I - Dobrado

Osvaldo Lacerda

SEGUNDO

Tempo de marcha (♩=126)

I - Dobrado

Osvaldo Lacerda

PRIMEIRO

SEGUNDO

PRIMEIRO

SEGUNDO

PRIMEIRO

São Paulo, maio de 1968

II - Embolada

Osvaldo Lacerda

SEGUNDO

II - Embolada

Osvaldo Lacerda

PRIMEIRO

SEGUNDO

PRIMEIRO

SEGUNDO

PRIMEIRO

São Paulo, maio de 1968

III - Seresta

Osvaldo Lacerda

SEGUNDO

III - Seresta

Osvaldo Lacerda

PRIMEIRO

SEGUNDO

PRIMEIRO

São Paulo, maio de 1968

IV - Candomblé

Osvaldo Lacerda

SEGUNDO

IV - Candomblé

Osvaldo Lacerda

PRIMEIRO

SEGUNDO

PRIMEIRO

SEGUNDO

PRIMEIRO

São Paulo, maio de 1968

BRASILIANA N°5

NOTA EXPLICATIVA

BRASILIANA n. 5 é uma Suíte para piano, que se destina a apresentar ao estudante de piano, ao amador dotado ou ao pianista já formado, que se interessa pela música brasileira, alguns aspectos e modalidades da mesma.

SUÍTE é uma composição musical constituída de três ou mais partes, que possuem, geralmente, caráter de dansa ou canção.

As partes da Suíte são chamadas *números*. Os números de BRASILIANA n. 5 são os seguintes:

I. DESAFIO — É um torneio poético, em que dois cantores medem seu talento de improvisação. Um deles propõe ao adversário um problema ou lhe faz uma pergunta embaraçosa; o adversário deve resolver ou responder com arguia e rapidez, podendo devolver o problema ou a pergunta mais complicados ainda. O torneio termina quando um dos cantores não encontra mais resposta e se declara vencido.

Às vezes, o desafio acaba de maneira violenta, podendo até degenerar em briga.

A música é secundária, servindo apenas de veículo à poesia, que é o elemento principal. O acompanhamento costuma ser feito pela viola.

O desafio aparece, às vezes, em dansas cantadas, mas é, via-de-regra, um canto puro, independente de coreografia.

É de origem ibérica e se encontra em todo o Brasil, embora adquira maior importancia no Nordeste.

O Autor concebeu o Desafio desta BRASILIANA n. 5 como uma Fuga a duas vozes, procurando, assim, simbolizar uma contenda musical entre dois adversários.

II. VALSA — Dansa de origem européia, em compasso ternário.

Os primeiros exemplos datam de fins do século XVIII; foi a dansa mais popular do século XIX; ainda é dansada no século XX.

Veio, no século passado, para o Brasil, onde se aclimatou, adquirindo características próprias.

III. LUNDÚ — É, historicamente, um dos tipos mais importantes da música popular brasileira. Segundo Mozart de Araujo, "o Lundú e a Modinha representam, por assim dizer, os pilares mestres sobre os quais se ergueu todo o arcabouço da música popular brasileira".

O lundú era, inicialmente, uma dansa, oriunda do batuque africano. Mais tarde, passou a existir tambem como canção (neste caso, seu texto era, geralmente, lânguido ou picaresco, muitas vezes encerrando uma censura jocosa, cômica ou burlesca).

Tanto o lundú dansa, como o lundú canção tiveram muita voga desde o século XVIII, atingindo seu apogeu na primeira metade do século XIX. Embora subsistisse até fins do século passado, o lundú foi desaparecendo gradualmente do cenário de nossa música popular e, hoje, surge apenas esporadicamente em alguns pontos do país..

É escrito em compasso binário e, quasi sempre, no modo maior. Deu origem a outros tipos brasileiros de dansa e de canção.

IV. CANA VERDE — Dansa de roda, de origem portuguesa. Encontra-se no Centro e no Sul do Brasil, principalmente na zona caipira de São Paulo e Minas Gerais. É acompanhada de canto, que pode ser um desafio entre dois cantores. A música é em modo maior e compasso binário.

O esquema formal dos números de BRASILIANA n. 5 é o seguinte:

I.	DESAFIO	— Fuga a Duas Vozes
II.	VALSA	— Forma ternária A B A_1
III.	LUNDÚ	— Forma ternária A B A_1
IV.	CANA-VERDE	— Forma ternária A B A_1

À minha Mãe

I - Desafio

Osvaldo Lacerda

© Copyright 1969 by Irmãos Vitale S.A. Ind. e Com.

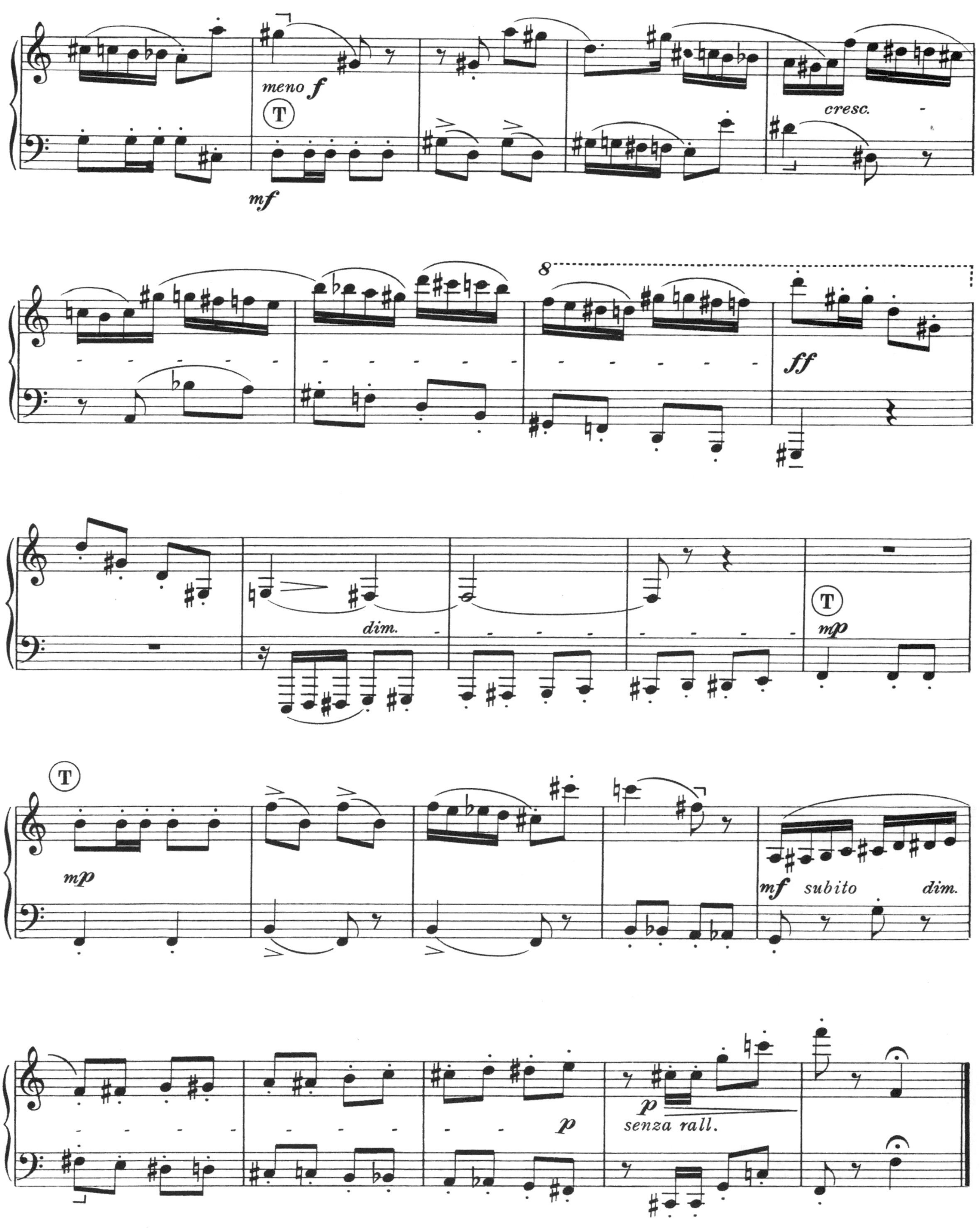
meno f
T
mf
cresc.
8
ff
dim.
T
mp
T
mp
mf subito
dim.
p
p
senza rall.

II - Valsa

Osvaldo Lacerda

Do 𝄋 ao fim

III - Lundú

Osvaldo Lacerda

salientanto m. esq.

IV - Cana-Verde

Osvaldo Lacerda

São Paulo, março 1969

BRASILIANA Nº6

NOTA EXPLICATIVA

BRASILIANA n.º 6 é uma Suíte para piano, que se destina a apresentar ao estudante de piano, ao amador dotado ou ao pianista já formado, que se interessa pela música brasileira, alguns aspectos e modalidades da mesma.

SUÍTE é uma composição musical constituída de três ou mais partes, que possuem, geralmente, caráter de dansa ou canção.

As partes da Suíte são chamadas *números*. Os números de BRASILIANA n.º 6 são os seguintes:

I. *RODA*, ou, mais propriamente, Cantiga de Roda, é um canto, que as crianças entoam ao brincar de roda.

Algumas de nossas cantigas de roda são de procedencia europeia (geralmente, portuguesa), tendo, no entanto, sofrido um processo de nacionalização pelas nossas crianças; outras denotam formação nitidamente brasileira.

Villa-Lobos ambientou, para piano, um grande número de cantigas de roda (vejam-se "Guia Pratico", "12 Cirandinhas" e "16 Cirandas").

O Autor desta BRASILIANA n.º 6 concebeu a Roda na forma de um Tema com três Variações, que utilizam a metade direita do teclado. O Tema é uma das mais difundidas cantigas de roda do Brasil, "Ciranda, cirandinha", cujo texto é o seguinte:

> "Ciranda, cirandinha,
> vamos todos cirandar.
> Vamos dar a meia volta,
> volta e meia vamos dar."

II. *PONTO*. — Em certos cultos religiosos afro, indo ou afro-indo-brasileiros, dá-se o nome de Pontos a melodias com que as divindades (orixás, ou Mestres) se manifestam ou são invocadas. Cada orixá tem uma ou mais melodias próprias.

O ponto é sempre cantado e acompanhado de instrumentos de percussão.

Não há fixidês quanto aos compassos, aos ritmos ou às escalas empregadas.

III. *TOADA*. — Tipo de canção, que se estende por todo o Brasil, refletindo as peculiaridades musicais de cada região. Não possue, portanto, características fixas.

No Centro e no Sul, a toada é mais definida: tem linha melódica simples, em graus conjuntos, harmonizada em terças. É melancólica e dolente.

Escreve-se em compasso binário ou quaternário e, na quasi totalidade dos casos, está em modo maior.

O texto costuma ser lírico ou amoroso.

IV. *BAIÃO*. — Antigamente denominado "baiano", é uma dansa nordestina, em compasso binario. Usualmente em modo maior, aparece também, embora mais raramente, no menor.

Sua evolução histórica apresenta duas fases: 1) a antiga, quando, principalmente no século XIX, foi muito vulgarizado no Nordeste; 2) a moderna, quando, a partir de 1946, através da rádio e dos discos, se tornou muito difundido no Brasil. Sofreu, então, influência de outras dansas, principalmente do samba.

O baião sertanejo, que, conforme certos autores, nada tem a ver com o baião citadino, é dansa instrumental de pares solistas, entremeiada, às vezes, de improvisações e desafios dos cantadores.

O esquema formal dos números de BRASILIANA n.º 6 é o seguinte:

    I.   RODA - Tema e Variações
    II.   PONTO - Forma ternária A B A$_1$
    III. TOADA - Forma ternária A B A$_1$
    IV. BAIÃO - Forma ternária A B A$_1$

À Eda Fiore

I - Roda

Osvaldo Lacerda

85

rall.
rit.
p
a tempo
mp
p
rall.
p
VAR. III
Vivo (♩. = 132)
8
mf
staccato
sem pedal
8
8
8

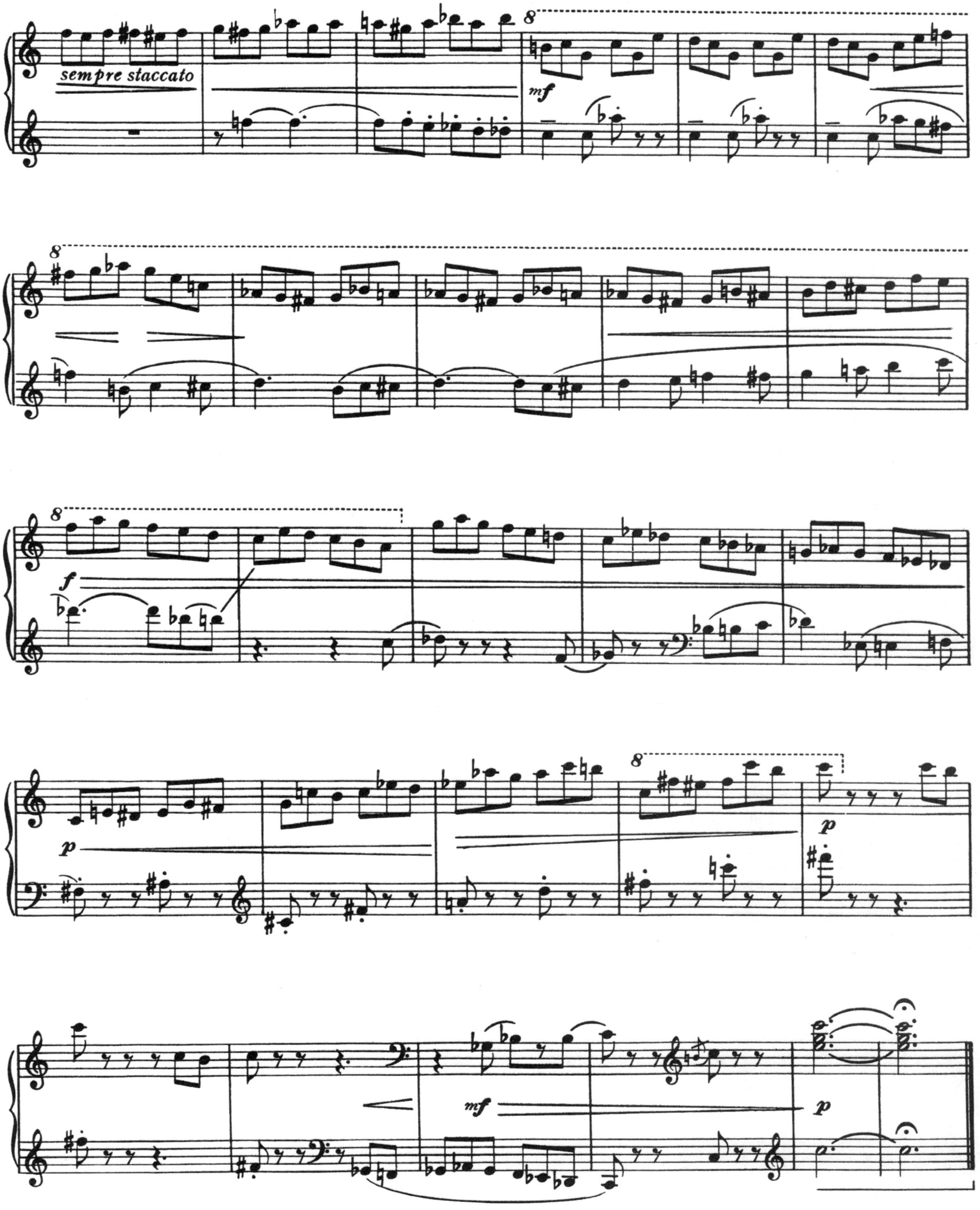

sempre staccato
mf
8
f
p
mf
p

À Nellie Braga

II - Ponto

Osvaldo Lacerda

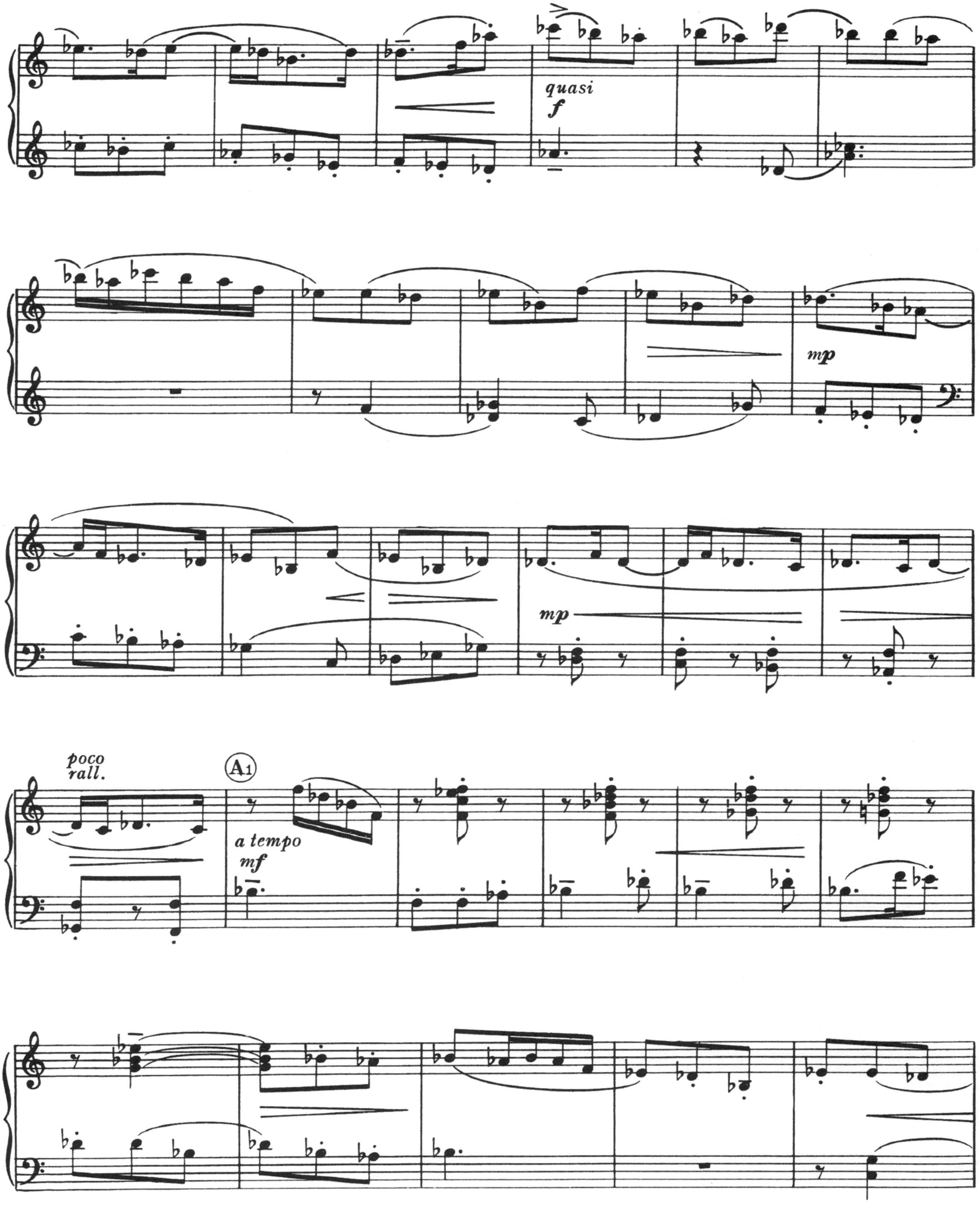
quasi
f
mp
mp
poco
rall.
A1
a tempo
mf

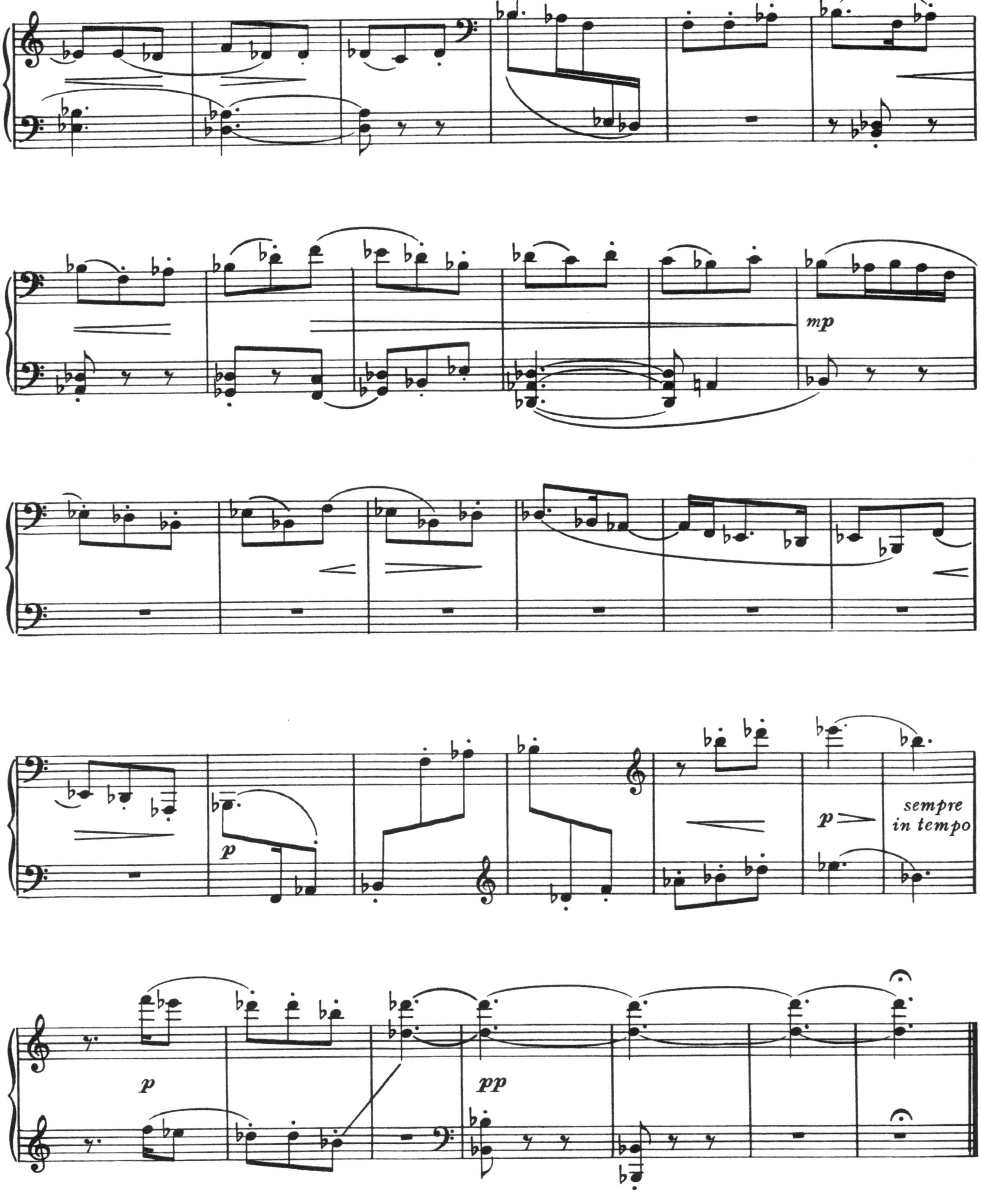
mp
p
p
sempre
in tempo
p
pp

À Zulmira Elias José

III - Toada

Osvaldo Lacerda

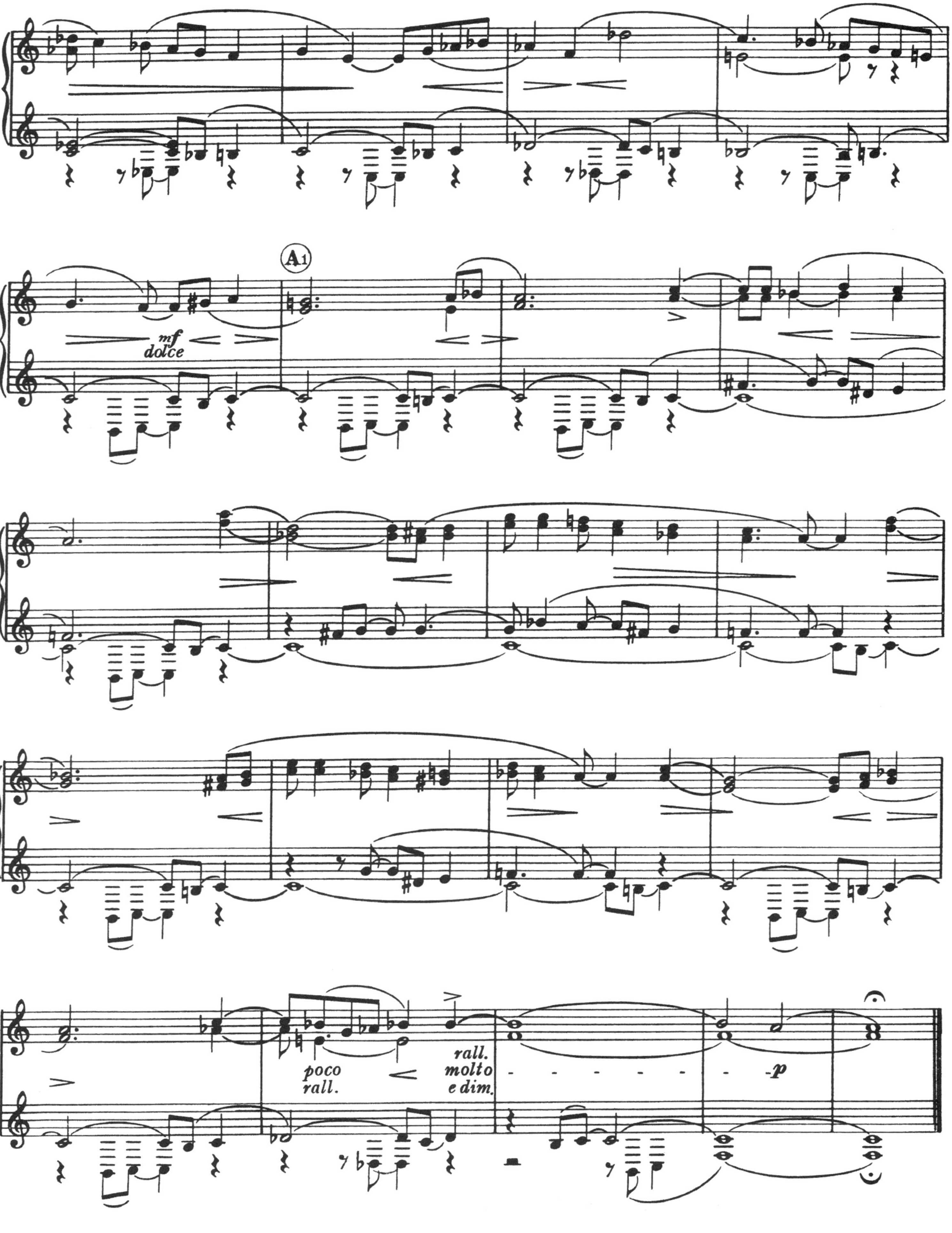

mf
dolce
A1
poco
rall.
rall.
molto
e dim.
p

À Nair Tabet

IV - Baião

Osvaldo Lacerda

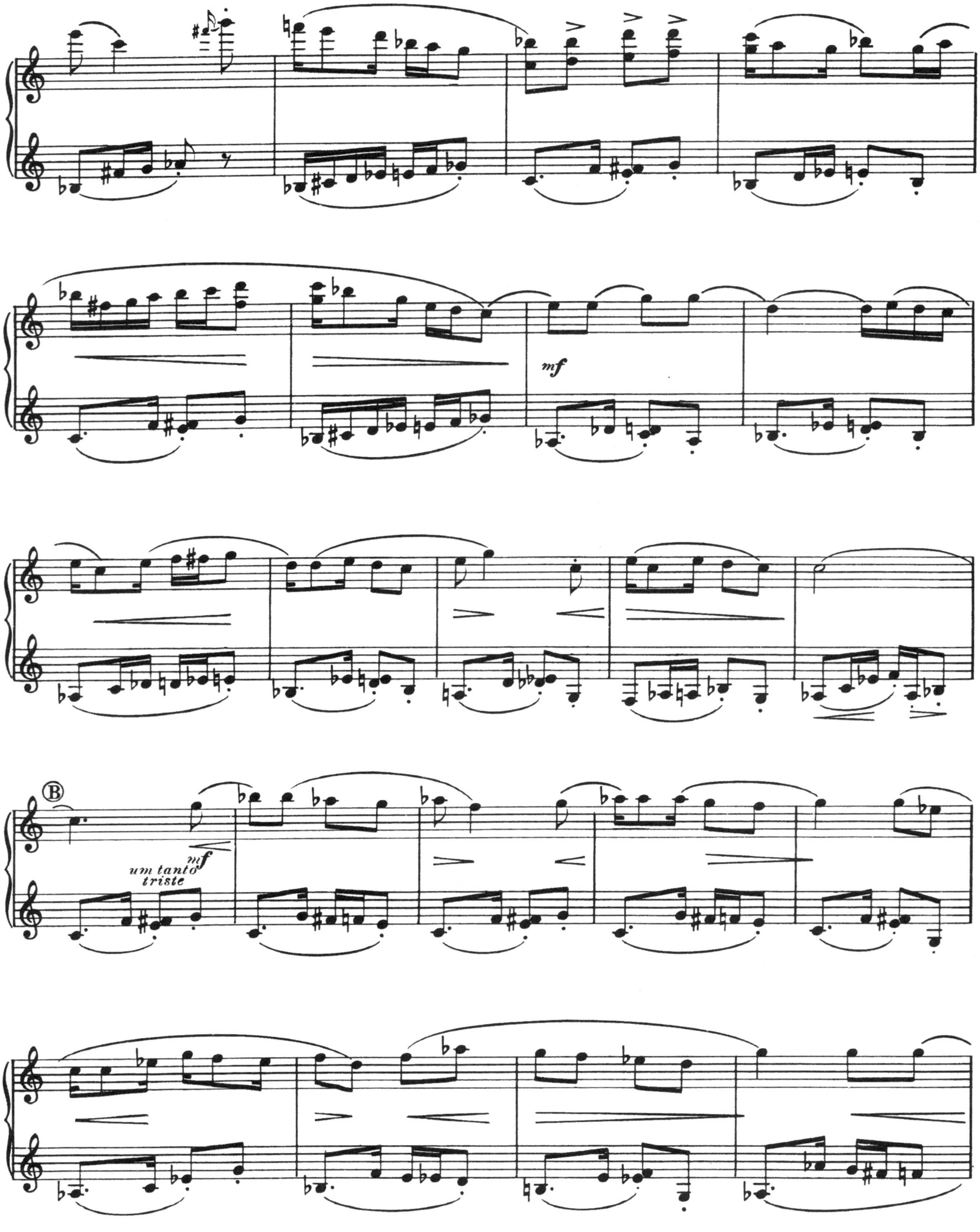
mf
B
mf
um tanto
triste

São Paulo, outubro de 1971

BRASILIANA N°7

NOTA EXPLICATIVA

BRASILIANA n.º 7 é uma Suíte para piano, que se destina a apresentar aos pianistas, que se interessam pela musica brasileira, alguns aspectos e modalidades da mesma.

SUÍTE é uma composição musical constituída de três ou mais partes, que possuem, geralmente, caráter de dansa ou canção.

As partes da Suíte são chamadas *números*. Os números de BRASILIANA n.º 7 são os seguintes:

I. *SAMBA* — Dansa de origem africana e formação brasileira. Seu nome parece derivar da palavra africana "semba", que designa a umbigada no batuque.

É geralmente cantado, com acompanhamento instrumental. Muito sincopado; escreve-se em compasso $\frac{2}{4}$; modo maior ou menor.

Existem varias modalidades de samba, desde o lento ("samba-canção"), até o bem movimentado. Sua coreografia é, outrossim, bem variada.

II. *VALSA* — Dansa de origem européia, em compasso ternário.

Os primeiros exemplos datam de fins do século XVIII; foi a dansa mais popular do século XIX; ainda é dansada no século XX.

Veio, no século passado, para o Brasil, onde se aclimatou, adquirindo caracteristicas próprias.

A Valsa desta BRASILIANA n.º 7 é uma transcrição da Valsa da Suite "Guanabara" para banda sinfônica, da autoria de Osvaldo Lacerda (*).

III. *PREGÃO* — Pequena melodia, usada por um vendedor ambulante ou de feira para anunciar sua mercadoria.

No III.º número desta Suíte, são apresentados três pregões, na seguinte ordem:

1) "Fita, renda e botão" — pregão de um mascate de São Paulo (Capital). Extraido do livro "Abecê do Folclore", de Rossini Tavares de Lima.

2) "Cocada" — pregão de um vendedor de cocadas do Rio de Janeiro. Extraído do livro "Ensaio sobre Musica Brasileira", de Mário de Andrade.

3) "Laranja pera" — pregão de um vendedor de laranjas de feira de São Paulo (Capital). Extraído do livro "Abecê do Folclore", de Rossini Tavares de Lima.

IV. *ARRASTA-PÉ* — Genericamente, é sinônimo de baile improvisado, dansa familiar, bailarico, baile popular.

Especificamente, designa um tipo de marcha dansante, existente na zona caipira dos Estados de São Paulo e de Minas Gerais.

Escreve-se em compasso $\frac{2}{4}$; modo maior.

O esquema formal dos números de BRASILIANA n.º 7 é o seguinte:

I. *SAMBA* — Forma ternária A B A$_1$
II. *VALSA* — Forma ternária A B A$_1$
III. *PREGÃO* — Forma "pot-pourri" de três melodias
IV. *ARRASTA-PÉ* — Forma ternária A B A$_1$

(*) A Suíte "Guanabara", executada pela Banda do Corpo de Bombeiros do Estado da Guanabara, sob regência do Capitão Othonio Benvenuto, se acha gravada em disco "Chantecler" CMG-1.031, denominado "Concerto para todos".

I - Samba

Osvaldo Lacerda

poco
più f
poco f
sub.
breve
mf
f sub.
mf
A1
mf
mp
sub.
mf
f
mp
poco rall.
p
p
poco rit.
a tempo
mp
p
f
8a bassa
1'00

II - Valsa

Osvaldo Lacerda

103

poco f
mf
f
poco rall.
Dal 𝄋 al 𝄌
e poi la Coda
CODA
f
f
p
p, leggiero
1'45

III - Pregão

Osvaldo Lacerda

cantabile
Co - ca - da pre-ta e bran - ca, pre-ta e bran-ca, cor de
Lento (♩=69)
II
p
mf
dolce
com pedal
ro - sa!
poco f
poco rall.
a tempo, ma precipitando
mf
mf
dim. e rall. poco a poco
animando
p
molto precipitando
f
breve

Moderado (♩=92)
III
O-lha a la-ran-ja pe-ra, co-mo es-ta não há ou-tra não, é i-gual a u-ma mo-
re-na, que é u-ma flor ain-da em bo-tão.
sem pedal
a tempo
rall.
rit.
pochiss. rall.
a tempo
poco rall.
rall.
precip.
rall. molto
Devagar
2'20

IV - Arrasta-Pé

Osvaldo Lacerda

São Paulo, Agosto de 1976

BRASILIANA Nº8

NOTA EXPLICATIVA

CANTO de TRABALHO. — É uma cantiga, que acompanha um trabalho, coordenando e estimulando os movimentos do corpo. Pode ser entoada individualmente por um trabalhador, ou coletivamente por um grupo de trabalhadores.

Houve, no Brasil, uma enorme variedade de cantos de trabalho. Hoje, grande parte deles se acha extinta, devido, principalmente, à mecanização dos trabalhos, que os motivaram. Mesmo assim, em algumas regiões mais afastadas, gozam ainda de grande vitalidade.

O Canto de Trabalho desta "BRASILIANA", sobre o qual o Autor teceu uma série de variações, é de origem folclórica, tendo sido extraído do livro "Abecê do Folclore", de Rossini Tavares de Lima. Trata-se de um canto de trabalhadores de roça, colhido, em 1949, em São João da Boa Vista (Estado de São Paulo).

Ei-lo, com o respectivo texto, em que se respeita a prosódia original:

[partitura musical]

Pe——ga a en—xa——da e le——va o pi——to, va——mo
ma—to tá ma——ta—no o mi—

i——no, Se—bas—tião, va—mo ca—pi—ná o ar—rôis, na bê—
_a—rá do gro—tão, no ro——ça—do da ba—xa—da já deu

_ra do ri—bei—rão, na bê—ra do ri—bei—rão. Ói que o
ca—bo do fe——jão, já deu ca—bo do fe——jão.

113

A José Kaplan e Gerardo Parente

I - Canto de Trabalho

Osvaldo Lacerda

SEGUNDO

A José Kaplan e Gerardo Parente

I - Canto de Trabalho

Osvaldo Lacerda

PRIMEIRO

© Copyright 1980 by Irmãos Vitale S.A. Ind. e Com.

SEGUNDO

PRIMEIRO

SEGUNDO

PRIMEIRO

SEGUNDO

PRIMEIRO

SEGUNDO

PRIMEIRO

SEGUNDO

PRIMEIRO

SEGUNDO

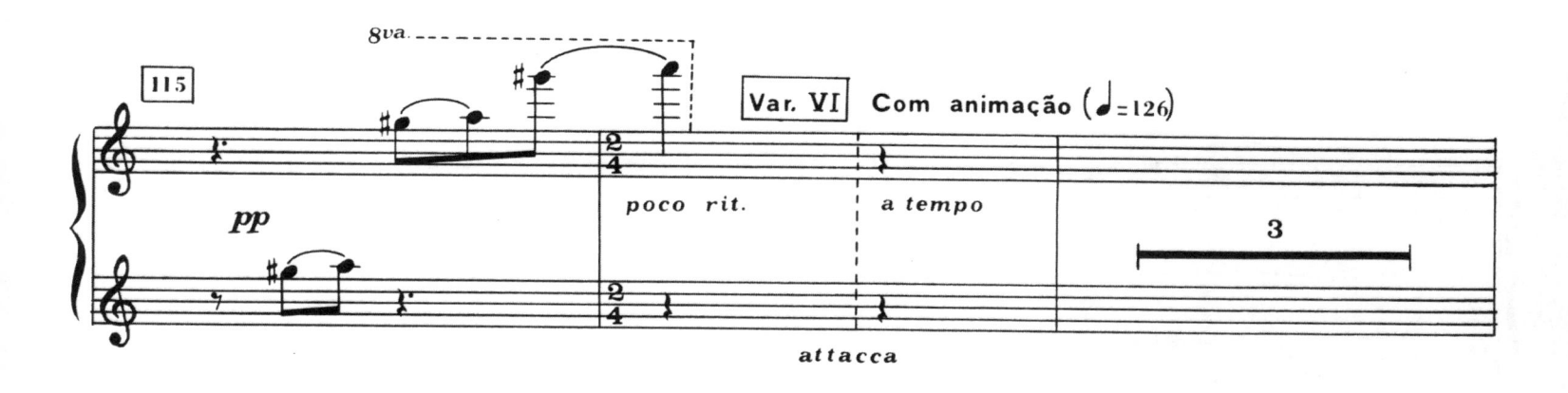

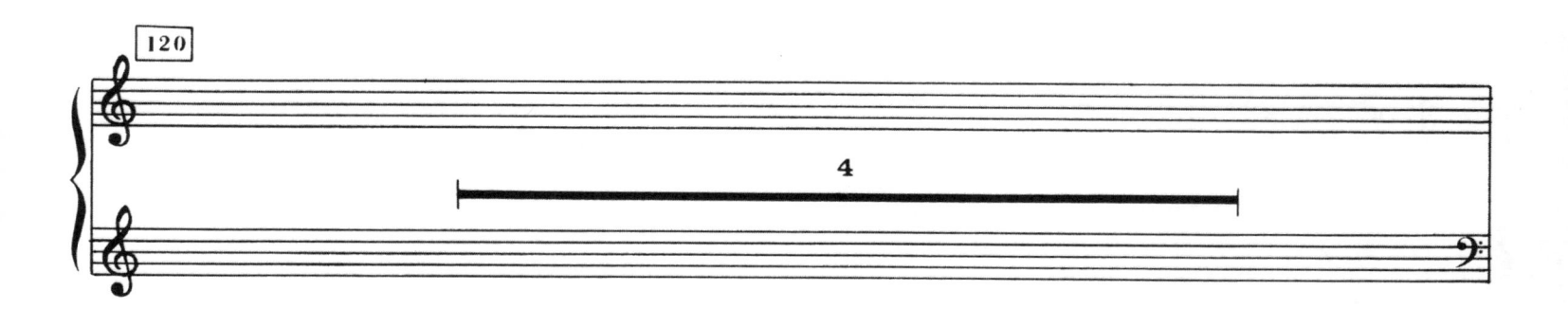

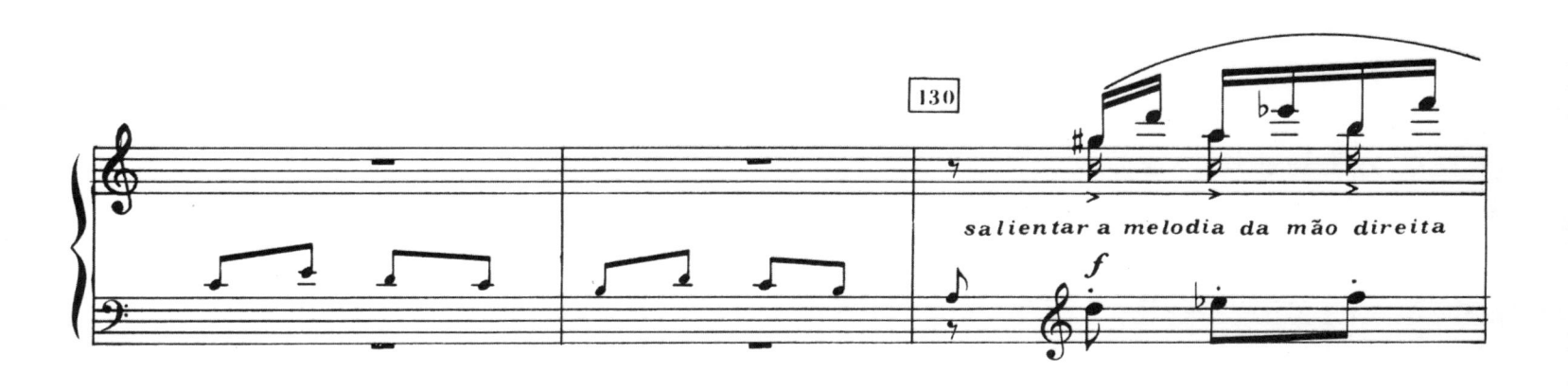

PRIMEIRO

Var. VI Com animação ($\quarternote$ = 126)

poco rit. a tempo

pp

attacca

salientar a melodia da mão direita

SEGUNDO

PRIMEIRO

SEGUNDO

PRIMEIRO

SEGUNDO

PRIMEIRO

NOTA EXPLICATIVA

FREVO. — É a marcha do Carnaval pernambucano. Seu compasso é binário, tem ritmo muito sincopado, e caráter obsedante e frenético.

Quando tocado em salão de baile, é dansado como marcha. Quando tocado na rua, porém, adquire as seguintes características: — não é dansado por grupos, mas por toda a multidão; apesar disso, a coreografia é individual, isto é, cada participante dansa diferentemente dos outros: existem passos tradicionais, mas o dansarino pode improvisar outros (alguns passos do frevo têm origem na capoeira).

A música autêntica do frevo não tem canto, é exclusivamente instrumental. É executada por bandas, e apresenta um diálogo constante entre instrumentos de madeira e de metal.

A José Kaplan e Gerardo Parente

II - Frevo

Osvaldo Lacerda

SEGUNDO

Tempo de marcha viva (♩ = 138)

© Copyright 1980 by Irmãos Vitale S.A. Ind. e Com.

A José Kaplan e Gerardo Parente

II - Frevo

Osvaldo Lacerda

PRIMEIRO

SEGUNDO

PRIMEIRO

SEGUNDO

PRIMEIRO

SEGUNDO

PRIMEIRO

SEGUNDO

PRIMEIRO

SEGUNDO

PRIMEIRO

NOTA EXPLICATIVA

ABÔIO. — É um canto lento e melancólico, livremente improvisado, que o vaqueiro entoa ao conduzir o gado para a pastagem ou para o curral.

Não tem medida rítmica, nem palavras. Costuma ser entoado sobre as vogais "a", "e" ou "o" e, geralmente, termina com uma frase de incitamento à boiada, tal como: "êi boi, boi surubim, êi lá!"

O abôio tem por fim apaziguar o rebanho, sobre o qual exerce realmente um efeito mágico (dizem que "não há gado bravo que, ao ouvir o abôio, não se acalme e siga o aboiador").

O abôio é comum a todas as zonas de pastoreio. No Brasil, destacam-se, por sua beleza, os abôios do Nordeste.

A José Kaplan e Gerardo Parente

III - Abôio

Osvaldo Lacerda

SEGUNDO

A José Kaplan e Gerardo Parente

III - Abôio

Osvaldo Lacerda

PRIMEIRO

SEGUNDO

PRIMEIRO

SEGUNDO

PRIMEIRO

SEGUNDO

PRIMEIRO

SEGUNDO

PRIMEIRO

NOTA EXPLICATIVA

IV. TERNO de ZABUMBA. — Segundo Mário de Andrade, "terno" é, genericamente, o mesmo que rancho, cordão, bloco.

"Terno de zabumba" é um conjunto musical típico do Nordeste, que, conforme a região, é também chamado "cabaçal", "terno de música", "banda de couro", ou "esquenta-mulher".

É constituído de dois tocadores de pífaro (tipo de flauta primitiva, também chamada pífano, ou pife), um tocador de caixa (pequeno tambor), e um de zabumba (nome popular do bombo).

O terno de zabumba toca música profana em festas e bailes, e música religiosa em rezas, procissões e petições de esmola.

No Terno de Zabumba desta "BRASILIANA" a quatro mãos, o Autor procura sugerir, na parte da direita, os dois pífaros, e, na da esquerda, o acompanhamento (não tão percussivo, porém, quanto no terno de zabumba folclórico).

A José Kaplan e Gerardo Parente

IV - Terno de Zabumba

Osvaldo Lacerda

SEGUNDO

A José Kaplan e Gerardo Parente

IV - Terno de Zabumba

Osvaldo Lacerda

PRIMEIRO

© Copyright 1980 by Irmãos Vitale S.A. Ind. e Com.

SEGUNDO

PRIMEIRO

SEGUNDO

PRIMEIRO

SEGUNDO

PRIMEIRO

SEGUNDO

PRIMEIRO

SEGUNDO

PRIMEIRO

BRASILIANA Nº9

NOTA EXPLICATIVA

BRASILIANA n. 9 é uma Suíte para piano, que se destina a apresentar aos pianistas, que se interessam pela música brasileira, alguns aspectos e modalidades da mesma.

SUÍTE é uma composição musical constituída de três ou mais partes, que possuem, geralmente, caráter de dança ou canção.

As partes da Suíte são chamadas **números**. Os números de BRASILIANA n. 9 são os seguintes:

I. PONTEIO — É sinônimo brasileiro de **Prelúdio.**

A origem da palavra é a seguinte:

O nosso tocador popular de viola caipira ou de violão, antes de tocar uma música, costuma executar algumas passagens preparatórias, a fim de exercitar os dedos. A isso dá ele o nome de «pontear», ou seja, colocar os dedos da mão esquerda nos «pontos» (casas) do braço do instrumento. Essa atividade inicial constitue, pois, uma espécie de prelúdio.

O compositor Camargo Guarnieri, propondo-se a escrever uma série de Prelúdios para piano, preferiu chamá-los «Ponteios». O de n. 1 foi composto em 1931, sendo essa, portanto, a data em que pela primeira vez se empregou a palavra **Ponteio** na nossa música.

A partir de então, muitos compositores brasileiros escreveram «Ponteios» para diversos meios sonoros, destacando-se entre todos, porém, os 50 Ponteios para piano de Camargo Guarnieri, que constituem um dos marcos da nossa literatura pianística.

II. POLCA — Dança em compasso binário, andamento moderado, e modo maior.

Seu nome lembra a Polônia, mas é originária da Boêmia (parte da atual Tchecoslováquia), onde teria sido inventada em 1830. Propagou-se imediatamente pela Europa, tornando-se uma das danças mais populares do século XIX.

Em 1845, foi introduzida no Brasil. Repetiu-se então, aqui, o que já acontecera na Europa: a polca virou mania, tornando-se uma das danças favoritas dos nossos bailes.

Adquiriu características próprias no Brasil, e chegou a exercer influência na formação de outros gêneros musicais brasileiros.

III. BENDITO — Canto religioso de origem erudita, modificado e adaptado pelo povo. Tem esse nome por iniciar-se, quase sempre, com a palavra «bendito».

Muito comum em cidades interioranas e meios rurais, é cantado em procissões e devoções caseiras.

Alguns benditos revelam procedência portuguesa, e uns poucos, influência francesa.

O Autor concebeu o Bendito desta Suíte na forma de Tema e Variações. O tema é um bendito recolhido no interior do Estado de São Paulo por Rossini Tavares de Lima, que o incluiu em seu livro «Abecê do Folclore».

Acha-se reproduzida, junto ao tema, a primeira estrofe do texto poético.

IV. FORRÓ — Em um sentido amplo, significa baile popular de danças movimentadas.

É, mais especificamente, um tipo de dança nordestina, em compasso binário, e andamento mais ou menos rápido.

O esquema formal dos numeros de BRASILIANA n. 9 é o seguinte:

I. PONTEIO — Forma ternária A B A₁
II. POLCA — Forma rondó de cinco partes A B A₁ C A₂
III. BENDITO — Forma Tema e 5 Variações
IV. FORRÓ — Forma ternária A B A₁

I - Ponteio

Osvaldo Lacerda

*Salientar as notas mais agudas das duas mãos.   Apoiar bem as colcheias da Mão Direita, dando-lhes a duração exata.

© Copyright 1984 by Irmãos Vitale S.A. Ind. e Com.

179

rall.
a tempo
quasi rall.
a tempo
molto rall.
f,brusco
a tempo
2'15

II - Polca

Osvaldo Lacerda

p subito leggiero
C
pp sempre misterioso, mas nitido
quasi rall.
A2
mf, a tempo
f
p subito
CODA
p
f
p
pp
quasi rall.
1'20

III - Bendito

Osvaldo Lacerda

Lyrics (Tema):
LE-VAN-TEI DE MA-DRU-GA-DA, FUI VAR-RER MEU BAR-RA-CÃO, EN-CON-TREI NOS-SA SE-NHO-RA, COM SEU RA-MI-NHO NA MÃO.

184

f
accel. poco a poco
affretato
calmando e dim. poco a poco
var. IV Sem pressa (♩= 63)
simile
pp sempre
mp
pp

186

IV - Forró

Osvaldo Lacerda

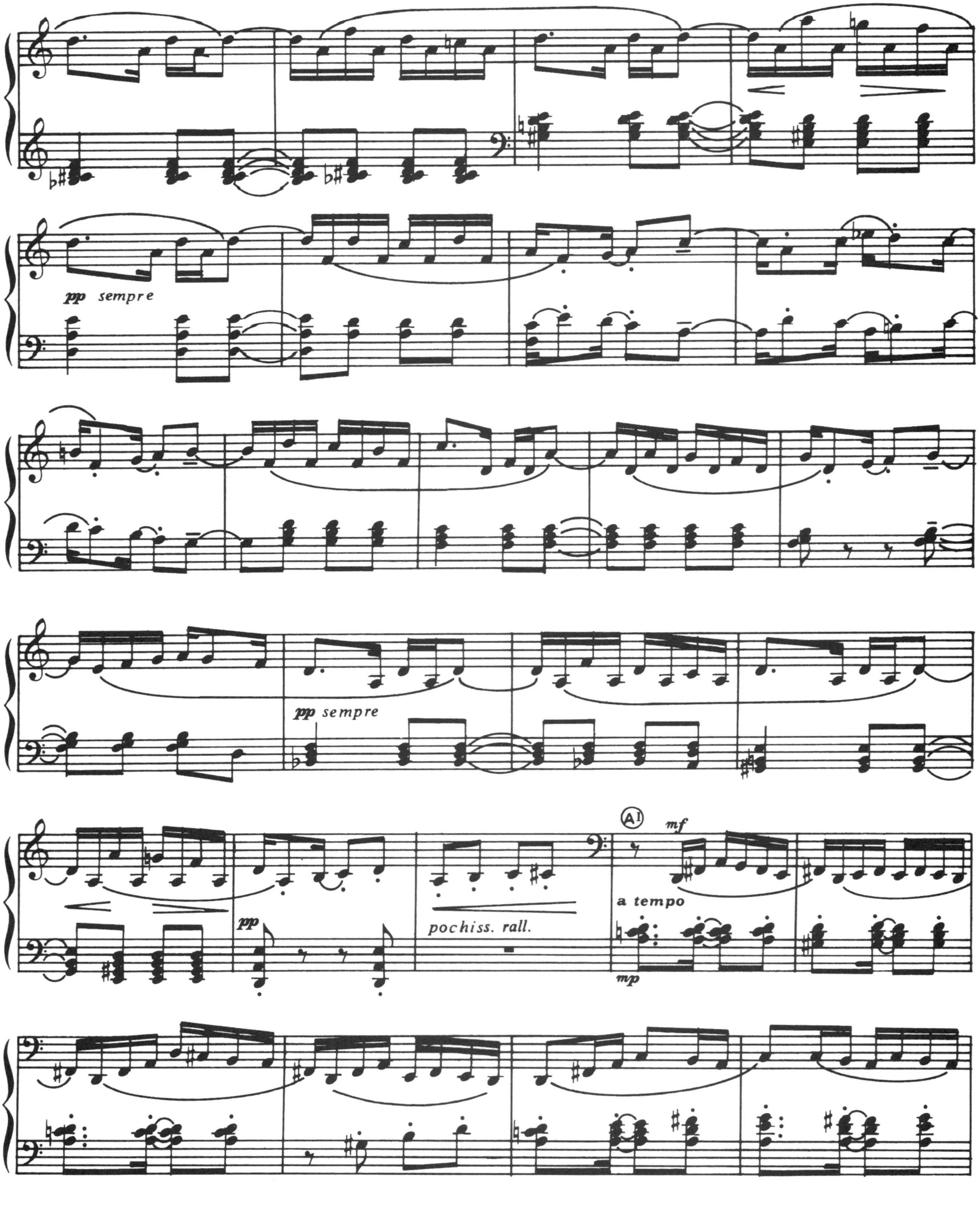

pp sempre
pp sempre
pp
pochiss. rall.
A1
mf
a tempo
mp

São Paulo, Junho de 1984